René Kollo

1

RENÉ KOLLO

herausgegeben von
Jasmin Kassai und Jürgen Haase

Parthas Verlag Berlin

Gestaltung: Hans Spörri
Druckformenherstellung: typossatz GmbH Berlin
Druck und buchbinderische Verarbeitung:
Interdruck Leipzig GmbH

Die Herausgeben danken Herrn Frank Roell und Els Grewe
sowie der Übersetzerin Brooks Riley

ISBN 3-932529-07-3

Die Texte Kollos beruhen auf Gesprächen, die die Herausgeber im Frühjahr 1997 mit dem Sänger geführt haben.

Bildnachweis
A. Kirchbach (S. 71)
Winnie Klotz (S. 87, 88)
Archiv Kollo (S. 2, 91)
Kranich-Foto (S. 67, 68, 69, 70, 72, 73, 76, 77, 96, 97)
Siegfried Lauterwasser (S. 8, 33, 35, 38, 39, 41, 47, 48, 49, 52, 59, 60, 62)
Paul Leclaire (S. 29, 56)
Wolfram Jürgen Mehl (S. 23, 25, 57, 89, 99, 101)
Stefan Odry (S. 31, 78)
W. Rank/Festspiele Bayreuth (S. 12)
Wolfgang Schuhmann (S. 11, 93)
F. G. Schulze (S. 7, 79, 85, 104, 105)
Süddeutscher Verlag/Bilderdienst (S. 43, 53)
Sabine Toepffer (S. 9, 10, 37, 44, 45, 51, 53, 75, 78)
Joachim Thode (S. 65)
Archiv Kollo-Verlage (S. 13, 15, 17, 19, 21, 27, 63, 81, 83, 94, 95, 103)

Die Deutsche Bibliothek – CIP-Einheitsaufnahme
René Kollo / hrsg. von Jasmin Kassai und Jürgen Haase. – Berlin :
Parthas-Verl., 1997
ISBN 3-932529-07-3

Zum Geleit

Ein Künstlerleben wie das René Kollos ist in seiner sängerischen Gestaltungsbreite und seinem Reichtum an markanten Höhepunkten heute hierzulande ohne Vergleich.

Ein Sproß der Komponisten-Familie Kollo, die lange Zeit den ›Berliner Ton‹ mitangab, hielt er es von früh an mit der Musik. Der Erfolg als Schlagersänger (›Mary Lou‹!) kam eher ungeplant und überraschend. Doch ließ ihn Zeit seines Lebens die leichte Muse nicht mehr los – und auch er ließ sie nicht, wie zahlreiche Fernsehproduktionen seit den 60er Jahren dokumentieren. Sein Ziel aber war die Opernbühne. Stationen wie das Staatstheater Braunschweig und die Deutsche Oper am Rhein waren schnell durchmessen. Der Durchbruch zu einem neuen Typus des Wagner-Tenors erfolgte in Bayreuth. Danach eroberte er sich Salzburg, Covent Garden, die MET, Paris, und immer häufiger trat er in seiner Heimatstadt an der Deutschen Oper Berlin auf. Mit Rienzi, Lohengrin, Tannhäuser, Tristan, Siegmund, Siegfried und Parsifal gab er den Heldentenören Wagners einen oft ganz neuen Klang. Viele seiner Interpretationen wurden in Ton und Bild festgehalten, meistens unter den berühmtesten Dirigenten. So hat er maßgeblich die Erneuerung der Wagner-Interpretation mitbewirkt. Aber auf Wagner bleibt weder in den frühen noch in den späteren Jahren seine Opernarbeit beschränkt. Von Florestan zu Don José, von Hermann in ›Pique Dame‹ zu Othello, von Bacchus bis Peter Grimes und von Palestrina zu Schujskij reichen seine stets eindrucksvollen Gestaltungen.

Solche Herausforderungen sind auf Dauer nicht nur mit erfrischendem Draufgängertum zu bewältigen. Selbstzweifel bildeten die Kehrseite des hohen Anspruchs an sich selbst, zu

Preface

An artist's life such as René Kolle has had is without comparison in this country in its vocal range and its abundant high points.

A scion of the Kollo composer family which long helped set the “Berlin tone”, he joined in the music early on. His success as a pop singer (“Mary Lou”) was unplanned and rather a surprise. But light entertainment never loosened its hold on him throughout his life–and he didn't allow it to, as numerous TV shows since the Sixties can document.

But his goal was the opera stage. Stations like the State Theater in Braunschweig and the Deutsche Oper am Rhein were soon left behind. His breakthrough as a new type of Wagner tenor was achicved at Bayreuth. Afterwards, he conquered Salzburg, Covent Garden, the Met, Paris–appearing more and more in his home town at the Deutsche Oper Berlin, as well. With Rienzi, Lohengrin, Tannhäuser, Tristan, Siegmund, Siegfried and Parsifal, he gave Wagner's Heldentenor roles an often quite new sound. Many of his interpretations were captured in sound and video recordings, most of them under the most famous conductors. Thus he played a substantial role in bringing about a revitalization of Wagner interpretation. But his opera work was never confined to Wagner–early on, or in the later years. Florestan, Don José, Hermann in “Pique Dame”, Othello, Bacchus, Peter Grimes, Palestrina, Schujskij, are among his most impressive creations.

Such challenges aren't always met with refreshing daredevilry. Self-doubt is the reverse side of the high demands one makes on oneself, with a good portion of self-protection thrown in. This explains the trouble which René caused himself and others from time to time. Above it all, however, stands his

dem sich eine gehörige Portion Selbstschutz gesellt. Das erklärt auch die Schwierigkeiten, die René bisweilen sich und anderen bereitete. Über allem aber steht sein Bestreben, Mittler zwischen der Figur, die er singt, und seinem Publikum zu sein.

Ich bin sicher, daß gerade dieses sein Publikum den vorgelegten Band mit zum Teil noch unbekannten Fotos voller Spannung verschlingen wird. Gar nicht hochgestochen, sondern auf seine eher dem Understatement zuneigende humorvolle, bisweilen auch ironische Erzählweise gibt René Kollo Auskunft über einige Erfahrungen seines bisherigen Sängerlebens. Manche werden erkennen, was es heißt, an die Spitze zu kommen und dort zu bleiben. Und einige werden entdecken, ›wie es drinnen aussieht‹ bei einem, der vom Tristan mutiert zum Prinzen Sou-Chong in ›Das Land des Lächelns‹, vom Siegfried zum Danilo: ohne Vergleich, wie gesagt, unverwechselbar.

Götz Friedrich

endeavor to be a medium between the character he's singing and his audience.

I am sure that it's precisely this audience who will devour this eagerly awaited volume with its photographs, some of them heretofore unpublished. René Kollo recounts the ecperiences in his life as a singer–without pomposity, but rather in a narrative style which tends toward humorous understatement and occasional irony. Some will see what it means to get to the top and stay there. And some will discover "how it looks on the inside" with someone who "mutates" from Tristan to Prince Sou-Chong in "Land of Smiles", from Siegfried to Danilo: as I said before, without comparison, unmistakable.

Götz Friedrich

2

2 Titelrolle in ›Rienzi‹ (Richard Wagner), Bayerische Staatsoper München, 1983; R.: Hans Lietzau; D.: Wolfgang Sawallisch

3

4

3 Titelrolle in ›Tristan und Isolde‹ (Richard Wagner) mit Johanna Meier, Bayreuther Festspiele; R.: Jean-Pierre Ponnelle; D.: Daniel Barenboim

4 Titelrolle in ›Lohengrin‹ (Richard Wagner) mit Carl Ridderbusch und Catarina Ligendza; R.: August Everding; D.: Wolfgang Sawallisch

5

5 Titelrolle in ›Peter Grimes‹ (Benjamin Britten mit Pamela Coburn, Bayerische Staatsoper; R.: Tim Albery; D.: Andrew Davis

6 Prinz Sou-Chong in ›Das Land des Lächelns‹ (Franz Lehár) mit Paul Arenkens, Metropol Theater, Berlin; R.: Anna Vaughn; D.: Werner P. Seifert

7

7 Steuermann in ›Der fliegende Holländer‹ (Richard Wagner), Bayreuther Festspiele; R.: August Everding; D.: Silvio Varviso

8 René Kollo in ›Die lustige Witwe‹ (Franz Lehár) mit Gwyneth Jones, Deutsche Oper, Berlin; R.: August Everding; D.: Caspar Richter

8

Kindheitsträume

Ich hatte keine genaue Vorstellung von dem Beruf, den ich mal ergreifen wollte. Ich liebte die Musik, und mit zehn Jahren war ich schon wagnersüchtig; doch das, was ich da hörte, selber zu singen, erschien mir ganz und gar unerreichbar. Meine Sehnsucht, auszubrechen und die Welt zu sehen führte mich in die Lehre an der Fotoschule Schwoerer in Hamburg - ich wollte Kameramann werden. Das roch nach Peter Stuyvesant, dem Duft der großen weiten Welt. Kameramann zu sein - das war was. Doch nicht für mich, wie ich feststellen mußte. Ich habe seit Schwoerer nie wieder eine Kamera angefaßt. Bis heute nicht. Ich weiß gar nicht, wo man da draufdrückt.

Childhood Dreams

I didn't have a clear picture of this profession that I wanted to pursue. I loved music; and at ten I was already hooked on Wagner; but for me to sing what I was hearing, seemed completely beyond my reach. My longing to break out and see the world led me to the Schwoerer photography school in Hamburg–I wanted to be a cameraman. It smelled of Peter Stuyvesant, the aroma of the big wide world. To be a cameraman, now that was something. But not for me, I soon realized. Since Schwoerer, I've never touched a camera again. To this day. I don't even know what button to push.

9 Der junge Kollo, um 1947
10 René und Marguerite, um 1942
11 René und Marguerite, um 1944

9

10

11

Marie-Louise Kollo

Meine Mutter stammt aus einem alten Friesengeschlecht. So war sie auch manchmal stur wie ›Ortrud‹ aus dem ›Lohengrin‹. Aber gerade diese Haltung war es, die sie in der Kriegszeit auszeichnete.

Sie ging zum Beispiel, zum Leidwesen meines Vaters, nie ungeschminkt und nur perfekt angezogen in den Luftschutzkeller. So kam sie, während die Bomben schon um das Haus flogen, verspätet und in aller Seelenruhe zu uns hinunter. Sie war eine liebende Mutter, und ihr Herz gehörte so sehr ihren Kindern, daß die Ehe gewaltig darunter litt. 1979 starb sie, viel zu früh, im Alter von 67 Jahren.

Marie-Louise Kollo

My mother came from an old Frisian family. That's why she was sometimes stubborn, like Ortrud in "Lohengrin". But this very behavior is what distinguished her during the war.

For instance, she never went down to the air raid shelter without being perfectly groomed and made up–to my father's chagrin. She'd come coolly down to us when the bombs were already flying around the house. She was a loving mother and her heart belonged so completely to her children, that her marriage suffered greatly from it. She died in 1979, at the age of 67.

12

13

14

12 René und Marguerite Kollo mit Mutter Marie-Louise, um 1940
13 René Kollo mit Mutter Marie-Louise, um 1955
14 René mit Mutter Marie-Louise und Marguerite, 1977

Willi Kollo Bei uns zu Hause wurde überhaupt keine Musik gemacht. Ich kann das bis zu einem gewissen Grade verstehen. Für meinen Vater war es sein Beruf, und er wollte zu Hause nicht auch noch das Geklimper hören. Wenn meine Schwester Marguerite oder ich uns ans Klavier setzten und anfingen zu spielen, wurden Türen geschmissen und geschrien ›Raus! Ruhe!‹. Dann waren wir wieder weg; und so ist aus unserem Klavierspiel auch nicht viel geworden. Wenn mein Vater neue Stücke schreiben wollte, flüchtete er nach Trittau. Da saß er dann im Schloßhotel Tremsbüttel, weil er zu Hause nicht schreiben konnte – zwischen zwei Kindern, der Frau und kein Geld und nichts da und schrieb mit viel Erfolg Stücke, die auch aufgeführt wurden.

Willi Kollo There was no music at all at our house, which I can understand to a certain point. It was my father's profession, and he didn't like to hear tinkling at home too. When I or my sister Marguerite sat down at the piano and began to play, he'd slam doors and shout "Quiet! Out!". Then we'd be off again; and so nothing much came of our piano playing. When my father wanted to write new material, he fled to Trittau where he sat in the Schloss Hotel Tremsbüttel, because he couldn't write at home–between two children, his wife, no money and nothing there–and wrote pieces which were also performed with success.

15 Marguerite, Willi Kollo, Marie-Louise und René, um 1943
16 Marguerite, Marie-Louise, Willi Kollo und René, Silvester 1954

15

16

Schauspieler

Ich hatte den Wunsch in mir, etwas Künstlerisches zu tun; also entschloß ich mich, Schauspieler zu werden. Das lag nah, denn bei meinem Vater hatte ich bereits auf der Bühne gestanden. Ich nahm Unterricht bei Else Bongers und um meine Stimme für Musicalpartien auszubilden, ging ich außerdem zu der Stimmpädagogin und Opernsängerin Elsa Varena

Actor

I had the urge to do something artistic, so I decided to become an actor. It stood to reason, since I'd already appeared on stage with my father. I took lessons from Else Bongers and I went to the voice teacher and opera singer Elsa Varena to train my voice for musical parts.

17

17 René Kollos erste Rolle im ›Weihnachtsmärchen‹,
Theater in Eppendorf – Hamburg; Leitung: Willi Kollo, 1946

Mary Lou Um meine Gesangsstunden zu finanzieren, spielte ich in einer Berliner Tanzkapelle Schlagzeug und versuchte mich als Schlagersänger. Ich hatte zwei Sendungen im Berliner Radiosender AFN. Die hörte der RIAS-Redakteur Rüdiger Piesker, auch heute noch ein guter Freund von mir. Der rief mich an und lud mich zu einem Vorsingen ein. Ich hatte nichts zu verlieren, bin hingegangen und habe vorgesungen. Piesker kam gleich mit einem Produzenten an ›Wir haben hier eine Nummer. Wollen Sie die nicht machen ?‹ Ich bekam einen Plattenvertrag, und ›Hello, Mary Lou‹ wurde aufgenommen und ein Riesenhit, und ich war plötzlich ein Teenageridol und wurde überall herumgereicht. Das lag aber gar nicht in meiner Absicht. Mein Ziel war ja doch der klassische Gesang und die ›Schlagerei‹ nur eine Möglichkeit, mein Studium bei Elsa Varena zu finanzieren.

Mary Lou To finance my singing lessons, I played drums in a Berlin dance orchestra and tried my hand as a pop singer. I did two broadcasts on the Berlin radio station AFN. An executive from RIAS heard them–Rüdiger Piesker–a good friend of mine to this day, called me and invited me to audition. I had nothing to lose, I went and auditioned. Piesker came over right away with a producer: "We have a number here. Don't you want to do it?" I got a record contract and "Hello, Mary Lou" was recorded. It became a huge hit, and suddenly I was a teen idol and was dragged everywhere. But that was never my intention. My goal was classical singing and pop music was only a way to finance my studies with Elsa Varena.

18

19

20

18 Als Schlagersänger im Orchester Dob Dobberstein im ›Atelier 13‹ am Kottbusser Damm, Berlin-Neukölln
19 Der junge Kollo beim Schlagerfestival in Knokke, Belgien, 1959
20 Mit Vivi Bach im Film ›So liebt und küßt man in Tirol‹, 1963

Dirigent

Trotz Schlager und Jazzkeller hatte ich immer noch den heimlichen Wunsch, Dirigent zu werden. Ich konnte von Tschaikowski jede Symphonie auswendig und könnte sie auch heute noch sofort dirigieren. Genauso Wagner. Hin und wieder bin ich dieser Leidenschaft gefolgt, aber eben nur als reiner Autodidakt. Die Technik und das Geheimnis, ein Orchester zusammenzuhalten, fordert harte Arbeit und lange Jahre in der Provinz, und dafür fehlt mir heute einfach die Zeit.

Conductor

In spite of pop music and jazz joints, I still had a secret longing to become a conductor. I knew every Tchaikovsky symphony by heart–I still do, and could conduct them right now. The same with Wagner. Every now and then I am pursued by this passion, but purely as an autodidact. The technique and the secret of keeping an orchestra together require hard work and long years in the provinces, and I simply don't have the time for it nowadays.

21

21 René Kollo als Dirigent

Vorsingen

Nach drei Jahren Unterricht bei Elsa Varena forderte mich mein Korrepetitor zum ersten Mal auf, an einem Vorsingen teilzunehmen. Ich ging damals regelmäßig in die Deutsche Oper Berlin, um dort mit ihm zu arbeiten und konnte dort hin und wieder an den Türen lauschen, wenn berühmte Sänger, wie zum Beispiel Jimmy King, korrepetierten. Dann hatte ich einen Vergleich und wußte, wie weit ich selber war. Und ich erkannte meine Fortschritte. Aber vorsingen wollte ich noch nicht. Es war mir zu früh, obwohl mein Korrepetitor mich ständig drängte. Alle drei Monate kam ein Herr Paasch nach Berlin. Er war damals ein wichtiger Agent und Begründer so mancher Karriere. Eines Tages, nach sieben Jahren Unterricht, ging ich mit dem Korrepetitor nach der Arbeit 'runter in die Kantine. Denn Singen ist anstrengend und macht durstig. Nach ein paar Schnäpsen und reichlich Bier hieß es wieder: ‹Der Paasch ist da, nun geh' doch endlich mal 'rauf vorsingen!‹ Und ich: ›Na gut. Schnapp dir die Klavierauszüge und wir gehen rauf.‹ Nach dem Vorsingen folgten die üblichen Worte: ›Sie werden von mir hören.‹ Ich dachte: ›Danke, die Worte kenne ich, nichts werd' ich hören‹ – obwohl ich bombig bei Stimme war. Doch tatsächlich – am nächsten Tag lag ein Telegramm in meiner Wohnung: ›Sofort nach Braunschweig kommen stop Matiasek vorsingen stop‹.

Auditions

After three years of study with Elsa Varena, my coach urged me for the first time to take part in an audition. At that time I went regularly to the Deutsche Oper in Berlin to work with him and could sometimes eavesdrop at the door when famous singers like Jimmy King rehearsed. That way I had a point of comparison and knew how far along I was. And I could see that I was making progress. But I didn't want to audition yet. I thought it was too early for me, even though my coach pressured me constantly. Every three months, a Herr Paasch came to Berlin. At that time he was already an important agent and had established some careers. One day, after seven years of study, I went to the canteen with my coach after our work. Singing is exhausting and makes you thirsty. After a few schnapps and quite a lot of beer, he started in again: "Paasch is here, go up and audition for heaven's sake!" I said, "Okay. Get the piano scores and we'll go up." After the audition came the usual spiel. "You'll hear from me." I thought, "Thanks a lot, I know that line, I'll never hear a thing," although I was in great vocal form. But in fact, the next day there was a telegram waiting for me in my apartment: "Come to Braunschweig at once stop Audition for Matiasek. stop.

22

22 René Kollo als Laca in ›Jenufa‹ (Leos Janaček) mit Josephine Barstow, Oper Köln; R.: Harry Kupfer; D.: Gerd Albrecht

Debüt in Braunschweig

Hellmuth Matiasek, damals Generalintendant am Staatstheater Braunschweig, engagierte mich gegen den Willen des Generalmusikdirektors, Heribert Esser, und so lernte ich das Theater gleich richtig kennen: Von Esser wurde ich fertiggemacht, nach Strich und Faden, und Matiasek stopfte mich überall rein. Meine erste Partie war der Husar in Igor Strawinskys ›Mavra‹. Eine kleine Geschichte, aber ein großer Erfolg für mich. Es ging weiter mit dem Grafen Danilo in der ›Lustigen Witwe‹ – eine absurde Besetzung. Ich sah aus wie der Ururenkel von Danilo mit meinem Kindergesicht. Doch meine Stimme paßte zu der Rolle, und ich hatte Erfolg. Es folgten die Titelpartien in ›Oedipus Rex‹ und ›Reinicke‹. Beide von Strawinsky. In sieben bis acht Vorstellungen in der Woche sang ich alles, was das Fach des Spieltenors hergibt und baute mir so die Grundlage für mein Repertoire auf. Für 750 Mark im Monat.

Debut in Braunschweig

Hellmuth Matiasek, then the manager of the State Theater in Braunschweig, hired me against the will of the General Music Director, Heribert Esser, and that's how I really got to know theater right off of the bat: Esser really laid into me and Matiasek filled me in everywhere. My first part was the Hussar in Igor Stravinsky's "Mavra". A small role, but a great success for me. I went on to do Count Danilo in "The merry Widow"–a ridiculous casting. With my baby face, I looked like Danilo's great grandson. But my voice fit the role, and I was a success. Then came the title roles in "Oedipus Rex" and "Reinicke", both from Stravinsky. In seven or eight performances every week I sang everything which was of use to the technique of lyric tenor and built the foundation of my repertoire. For 750 marks a month.

23 Kollo bei der Anprobe zur ersten Opernrolle in ›Mavra‹ (Igor Strawinski), Staatstheater Braunschweig, 1965

23

Düsseldorf

Als ich merkte, daß ich in Braunschweig unter Esser keine glückliche Zukunft hatte, folgte ich einer Einladung zum Vorsingen nach Karlsruhe. Obwohl ich sehr gut bei Stimme war, bekam ich eine Absage. Später erzählte mir der Kapellmeister, wie der Intendant reagiert hatte: ›Jaja, er hat ja sehr schön gesungen, aber ich kann doch nicht einen Schlagersänger engagieren.‹ Am nächsten Tag bekam ich einen Vertrag für die Deutsche Oper am Rhein, als erster Tenor. Eine herausragende Erinnerung habe ich am Bohumil Herlischkas Inszenierung der ›Jenufa‹. In der Rolle des Laca feierte ich meinen größten Triumph in Düsseldorf.

Dusseldorf

When I realized that I'd never have a rosy future in Braunschweig under Esser, I accepted an invitation to audition in Karlsruhe. Although I was in good voice, I was turned down. Later the conductor told me how the general manager had reacted: "Okay, so he sang beautifully. But I can't hire a pop singer!" The next day I got a contract to be first tenor at the Deutsche Oper am Rhein [in Düsseldorf]. One memory which stands out is of Bohumil Herlischka's staging of "Jenufa". I had my greatest triumph in Düsseldorf in the role of Laca.

24 René Kollo in ›Jenufa‹ (Leoš Janáček) mit Josephine Barstow, Oper Köln; R.: Harry Kupfer; D.: Gerd Albrecht

24

Die Stimme

Ich war permanent der Meinung, daß ich überhaupt nichts könne. Ich habe mich immer gefragt: Wieso schreiben die so gut und warum sind sie so nett zu mir? Es ist doch noch gar nichts richtig entwickelt.‹ In einer Sängerkarriere löst eine große Krise die nächste ab. Sänger zu sein bedeutet, so gesehen, nur, die Krisen zu meistern und die Nerven zu behalten, sich zu sagen ›Du bist gesund, an der Stimme ist gar nichts. Die Stimme ist ja bloß ein Muskel, und der ist völlig in Ordnung. Du singst richtig. Es ist dein Körper, der nicht funktioniert, weil deine Gedanken woanders sind, du nicht richtig arbeitest und atmest.‹ Wenn man das nicht in den Griff bekommt, überlegt man sich, wie das Restaurant aussehen könnte, das man als nächstes eröffnet. (Dieser Ausweg lag nahe, da ich aus einer Hoteliersfamilie komme. Der Vater meiner Mutter führte eines der berühmtesten Hotels in Deutschland, den ›Flensburger Hof‹. Dort verbrachte Kaiser Wilhelm seine Sommerferien.)

Die Rettung aus der Krise aber ist Disziplin und Verzicht. Nicht rauchen, nicht trinken und das andere auch ab und zu mal lassen. Man muß sich sagen: ›Ich habe einen Beruf, der mich vollkommen ausrichtet auf den Moment, in dem ich auf der Bühne stehe.‹ Das zählt und sonst nichts.

The Voice

I was convinced I was no good. I was always asking myself: “Why are they writing such good things about me and why are they so nice to me? The voice still isn’t completely developed yet” In a singer’s career, one big crisis is superceded by another. To be a singer means mastering the crises, controlling your nerves, and saying to yourself: “You’re healthy, nothing’s wrong with your voice. The voice is just a muscle, after all, and it is completely fine. You sing correctly. It’s your body that’s not functioning because your thoughts are elsewhere, you’re not working or breathing correctly.” If you don’t get this under control, you think about how that restaurant you’re going to open will look. (This escape route wasn’t so far-fetched since I come from a hotel family. My mother’s father ran one of the most famous hotels in Germany, the Flensburger Hof, where Kaiser Wilhelm spent his summer vacations.)
Discipline and abstinence are your salvation from the crisis. Don’t smoke, don’t drink and refrain from the other thing as well, from time to time. You have to say to yourself: “I have a profession which completely orients me to the moment I step on stage.” That counts, and nothing else.

25 Kollo im Tonstudio, im Hintergrund Herbert von Karajan

25

Ehrfurcht

Ich bin dankbar, daß ich gelernt habe, mich mit Ehrfurcht der Oper zu nähern. Wenn ›Tristan‹ beginnt, beginnt ein Wunder. Ein Teil dieses Wunders zu werden, indem man die Bühne betritt, ist für mich immer eine Sternstunde gewesen. Es ist für mich ein Vorteil, es so sehen zu können. Als ich das erste Mal den Hügel in Bayreuth hochging, war das für mich eine Pilgerfahrt. Ich ging da den Berg hoch, ganz langsam, und ich habe gedacht, ich werde verrückt.

Awe

I'm glad I learned to approach opera with awe. When "Tristan" begins, a miracle begins. To be a part of this miracle, setting foot on that stage, has always been a great moment for me. It's an advantage for me to be able to see it this way. The first time I climbed the 'hill' in Bayreuth was like a pilgrimmage. I went very slowly up the hill–and I was beside myself.

26 Titelrolle in ›Tristan und Isolde‹ (Richard Wagner), Bayreuther Festspiele; R.: Jean-Pierre Ponnelle; D.: Daniel Barenboim

26

Bühnenbilder

Das Bühnenbild soll die Idee des Regisseurs unterstützen. Voraussetzung dafür ist eine wirkliche Konzeption der Gedanken zum Stück. Bedauerlicherweise gibt es Regisseure, die sich ein Bühnenbild machen lassen nach der Devise ‹Mach mir mal ein schönes Bühnenbild!›. Irgendwann treffen sich Bühnenbildner und Regisseur dann wieder vor einem Modell, und der Regisseur jauchzt ›Ach, das ist wunderbar, da kommt er rein, da geht er raus, ja toll, mach ich.‹ Ob richtig oder falsch, spielt dabei keine Rolle. Man hatte eine hübsche Idee und setzt sie um. Und wahrscheinlich am Stück vorbei.

Stage Designers

Stage design should support the stage director's idea. That requires a thought-out conception of the piece. Regrettably, there are directors who allow a stage design to be constructed after the motto, "Make me a beautiful stage design!" At some point the stage designer and the director meet again in front of a model, and the director shouts for joy "Oh, it's beautiful; he'll come in here, he'll go out there, great, I'll do it." Whether it's right or wrong makes no difference. Someone has a pretty idea and implements it. And probably misses the piece.

27

27 Stolzing in ›Die Meistersinger von Nürnberg‹ (Richard Wagner) mit Julia Varady und Dietrich Fischer-Dieskau; R.: August Everding; D.: Wolfgang Sawallisch

28 Stolzing in ›Die Meistersinger von Nürnberg‹ (Richard Wagner), Festwiesen-Szene, Salzburger Osterfestspiele; R./D.: Herbert von Karajan

28

Fünf Stunden Wagner

Wenn ›Tristan‹ beginnt und man im ersten Akt die Bühne betritt, weiß man nicht, ob man am Ende auch ankommt. Das geht jedes Mal so. Damit muß man leben. Kein Sänger weiß, was in fünf Stunden passiert. Das muß man durchhalten. Das ist im Hinterkopf und muß auch dort bleiben, denn wer sich dieser ungeheuren Anstrengung klar wird, tritt wohl gar nicht erst auf. Vielleicht kommt irgendwann die Grenzsituation, in der man sich sagt: ›Jetzt geht es nicht mehr‹. Dann muß man aufhören. Aber solange man sich sagen kann ›Ich weiß nicht, vielleicht …‹, kann man anfangen und sehen, wie es weitergeht. Der Zustand am Schluß, wenn alles gut gegangen ist, ist nicht zu beschreiben.

Five Hours of Wagner

When "Tristan" begins and you go on stage in the first act, you don't know if you'll reach the end. It's this way every time. You have to live with it. No singer knows what will happen in five hours. You just have to endure it. It's in the back of your mind and it should stay there, because anyone who becomes aware of this monstrous effort better not even perform. You might get to a point where you say: "Now it doesn't work anymore." Then you have to stop. But as long as you can say, "I don't know, perhaps … ," you can begin and see how far you get. The end state, when everything's gone well, is indescribable.

29 Titelrolle in ›Lohengrin‹ (Richard Wagner), Salzburger Festspiele 1976; R.: / D.: Herbert von Karajan

29

Regisseure

Die meisten Regisseure verlangen von Sängern absoluten Gehorsam und Loyalität bis zum Umfallen. Also stellt man sich hin, schaltet das Gehirn aus und macht alles mit, wenn man wieder engagiert werden will. ›Das erste, was ein Sänger lernen muß, ist seinen Charakter abzulegen‹ – so hat Christa Ludwig es kürzlich formuliert. Leider ist mir das nie sehr gut gelungen. Wenn ich mich aufgestellt und gesagt habe: ›Nein, so geht das nicht, das ist die falsche Richtung‹, dann war ich draußen und wurde nicht wieder engagiert, weil ich fortan als schwierig galt. Bleibt man hingegen still und folgt dem Regisseur entgegen der eigenen Überzeugung, wird man letzlich vollkommen abhängig und unterwürfig. Wenn es so läuft, müßte man nach einer Probe eigentlich sofort zum Psychiater und sich auf die Couch legen, damit man das alles wieder los wird.

Stage Directors

Most stage directors demand absolute obedience and loyality to the death. So you pretend, you turn off your brain and go along with everything, if you want to be hired again. "The first thing a singer has to learn is to get rid of his personality", that's how Christa Ludwig summed it up. Unfortunately, I was never good at that. If I took a stand and said, "No, that doesn't work, it's the wrong direction," then I was out and was never hired again, because from then on I was considered difficult. However, if you stay quiet and follow the director against your own convictions, you become completely dependent and subservient in the end. If it goes on this way, then you have to go straight to a psychiatrist after the rehearsal, lay down on the couch and unburden yourself.

30

30 Mit Regisseur Wolfgang Wagner bei den Proben zu ›Lohengrin‹, Bayreuther Festspiele, 1973

31

31 Bei den Proben zu ›Peter Grimes‹ (Benjamin Britten)
mit Regisseur Tim Albery, Bayerische Staatsoper München, 1991

 32

 33

 34

32–34 Titelrolle in ›Peter Grimes‹ (Benjamin Britten),
Bayerische Staatsoper München; R.: Tim Albery; D.: Andrew Davis

Jean-Pierre Ponnelle Ein Problem bei ›Tristan und Isolde‹ ist und bleibt der Schluß: Tristan stirbt, und es geht noch endlos weiter, weil Richard Wagner den damaligen Operkonventionen gerecht werden mußte. Auch für Wieland Wagner war eigentlich der Schluß der Oper mit dem Tod von Tristan erreicht. Er wollte einmal an dieser Stelle sofort in den Liebestod der Isolde und damit in den Schluß übergehen. Auch Ponnelle wollte zwar den Schluß spielen, aber nicht mehr realistisch. Sicherlich war die Idee richtig, nur die Ausführung etwas zu märchenhaft. Grundsätzlich war ich damit einverstanden, doch hatten wir über einen ganz anderen Punkt im Stück eine kleine Auseinandersetzung. Und so lud er mich eines Abends ein, zu ihm nach Hause zu kommen, und wir saßen bei gutem Essen und bestem Wein zwei, drei Stunden zusammen und suchten eine Lösung. Ponnelles Größe lag in seiner Fähigkeit zuzuhören und immer als ein wirklich umfassender Geist über der Geschichte zu stehen. Er mußte deshalb keine Angst haben, von Sängern in Gebiete geführt zu werden, in denen er keine Antworten parat hatte. Er konnte eingeschlagene Wege verlassen, wenn ihn eine andere Sichtweise überzeugte.

Jean-Pierre Ponnelle One problem with "Tristan and Isolde" is and remains the end: Tristan dies, and it keeps going endlessly on, because Richard Wagner had to follow the opera conventions of his time. Wieland Wagner also thought that the end of the opera was reached with Tristan's death. He even wanted to go straight to Isolde's death at this point, skipping to the end. Ponnelle did want to play the finale, but no longer realistically. The idea was certainly correct, but the performance somewhat too fairy-tale like. I agreed with it fundamentally, but we had a small disagreement over a completely different point in the piece. So he invited me to his house one evening, and we sat together two or three hours over a good meal and the best wine, and looked for a solution. Ponnelle's greatness lay in his ability to listen and to always stand as a true comprehensive intellect over the material. That must be why he wasn't afraid to be led by singers into areas where he had no ready answers. He could depart the beaten path when he was convinced of another point of view.

35

35 Titelrolle in ›Tristan und Isolde‹ (Richard Wagner),
Bayreuther Festspiele; R.: Jean-Pierre Ponnelle; D.: Daniel Barenboim

36

37

36/37 Als Tristan in ›Tristan und Isolde‹ (Richard Wagner) mit Johanna Meier, Bayreuther Festspiele; R.: Jean-Pierre Ponnelle; D.: Daniel Barenboim

August Everding Mit August Everding war ich zusammen bei unserer ersten Bayreuther Premiere des ›Fliegenden Holländer‹. Wir trafen uns dann wieder in New York und machten dort einen neuen ›Lohengrin‹. Es war eine sehr schöne Probenzeit mit vielen Erinnerungen und einer Premiere, die an der MET Furore machte. Wir beide waren ›talk of the town‹. Einen kleinen ›Unfall‹ hatten wir bei einer Neuinszenierung des ›Tristan‹ in München. Ich war mit einem für mich sehr wichtigen Punkt nicht einverstanden, und wir mußten uns damals trennen. Das ändert aber natürlich nichts daran, daß ich gerne mit ihm arbeite, denn er ist, was ja jeder weiß, ein witziger, belesener und damit intelligenter Mensch.

August Everding I was with August Everding for our first Bayreuth premiere of "The Flying Dutchman". We met again in New York and did a new "Lohengrin" there. It was a wonderful rehearsal period with many memories and a premiere that caused a furor at the Met. We were the talk of the town. During a new production of "Tristan" in Munich we had a little "accident". I was not in agreement on a very important point for me, and we had to go our separate ways. Of course that doesn't change the fact that I like to work with him, because he is, as everyone knows, a witty, well-read and intelligent man.

38

38 Titelrolle in ›Lohengrin‹ (Richard Wagner) mit Catarina Ligendza, Bayerische Staatsoper München, 1978; R.: August Everding; D.: Wolfgang Sawallisch

39

40

39/40 Steuermann in ›Der fliegende Holländer‹ (Richard Wagner) mit Martti Talvela, Bayreuther Festspiele; R.: August Everding; D.: Silvio Varviso

41

42

41 Als Stolzing in ›Die Meistersinger von Nürnberg‹ (Richard Wagner) mit Dietrich Fischer-Dieskau, Bayerische Staatsoper München; R.: August Everding; D.: Wolfgang Sawallisch

42 Als Graf Danilo in ›Die lustige Witwe‹ (Franz Lehár) mit Gwyneth Jones, Deutsche Oper Berlin; R.: August Everding; D.: Caspar Richter

Rudolf Noelte

Mit Rudolf Noelte hatte ich komischerweise sofort einen guten Kontakt. Er ist bekannt dafür, Proben abzubrechen, nach Hause zu fahren oder mindestens jeden zweiten Tag mit seinem Ensemble Krach zu haben. Wir haben wunderbar miteinander gearbeitet. Noelte ist ein höflicher, korrekter, man möchte fast sagen ein bißchen spießiger Mensch. Aber er ist ein großer Künstler. Abends nach der Probe saß er noch fünf Stunden da und schrieb Briefe, in einer winzigen Handschrift, was man an Punkt X oder Takt Y ändern sollte. Das haben wir kaum gelesen, man konnte es kaum lesen, so klein war es geschrieben. Und doch hat man irgenwie aufgenommen, was er wollte, und es kam immer zu unglaublichen Ergebnissen. Noelte, eigentlich ein Theaterregisseur, liebte das Kammerspiel. Mehr als drei Personen auf der Szene war für ihn widerlich. Bei Othello und Desdemona – atemberaubende Szenen! Rudolf Noelte schaffte es immer, die Abgründe zwischen den Figuren auszuloten.

Rudolf Noelte

Curiously, I hit it off with Rudolf Noelte right away. He's famous for cancelling rehearsals and going home, or having a falling out with his ensemble at least every other day. We worked wonderfully together. Noelte is polite, correct, I'd almost say a bit bourgeois. But he is a great artist. Evenings after a rehearsal, he would sit there another five hours and write letters in a tiny handwriting, about what you should change at point X or bar Y. We hardly read them–you couldn't read them, they were written so small. But still you somehow grasped what he wanted and it always led to an unbelievable result. Noelte, actually a theater director, loved studio theater. More than three people on stage was horrible for him. There were breathtaking scenes between Othello and Desdemona! Rudolf Noelte always managed to plumb the depths of the chasm between characters.

43

43 Titelrolle in ›Othello‹ (Giuseppe Verdi) mit Franz Grundheber, Oper Frankfurt am Main; R.: Rudolf Noelte

44–46 Als Hermann in ›Pique Dame‹ (Peter Tschaikowski) u. a. mit Martha Mödl, Oper Köln; R.: Rudolf Noelte; D.: Gerd Albrecht

44

45

46

Karajan

Es gab in meinem musikalischen künstlerischen Leben zwei große Phasen: Die Bayreuth-Phase und die Karajan-Phase, die sich über viele Jahre erstreckte. Allerdings mit Unterbrechungen. Für mich bestand die Verbindung daraus, bei ihm engagiert zu sein und weiter nichts. Und so gesehen waren der Krach und die ›Trennung‹, die darauf folgte, eine notwendige Emanzipation von ihm und für mich nicht ohne Schwierigkeiten. Sechs Jahre später schrieb ich ihm, ob wir nicht gemeinsam den ›Lohengrin‹, mit dem wir schon begonnen hatten, zu Ende bringen wollten. Ich hatte ein anderes Angebot bekommen, wollte aber am liebsten mit ihm die Aufnahme beenden, weil er für mich der Lohengrin-Dirigent schlechthin war … Zwölf Stunden später hatte ich ein Telegramm in der Hand: ›Hatte dieselbe Idee, habe mir schon die Bänder kommen lassen. Sie hören von mir. Herbert Karajan‹. Als habe er sechs Jahre nur darauf gewartet, von mir einen Ton zu hören. Nach ein paar gemeinsamen Arbeiten gab es wieder vier, fünf Jahre, in denen wir uns nicht sahen. Diesmal brach er das Schweigen mit einem Telegramm, das mich zu meinem fünfzigsten Geburtstag überraschte:‹ Höre von Ihren Fortschritten, von Ihrer Karriere und wünsche Ihnen …‹

Und wenn er inszenierte, also Musik und Bild alleinverantwortlich gestaltete, wuchs alles zu einem homogenen Ganzen zusammen. Man hat ihm Traditionalismus vorgeworfen, aber für mich hatte er immer eine starke, richtige Idee von der Komposition, die er genauso realisierte, wie er es sich vorstellte. Alles paßte für seinen kulinarischen Stil zusammen.

Dann kam Giorgio Strehler nach Salzburg, um ›Die Zauberflöte‹ zu inszenieren. Diesselbe Größe, beide graumeliert, beide im schwaren Anzug mit schwarzem Rollkragenpullover.

47 Als Stolzing in ›Die Meistersinger von Nürnberg‹, Salzburger Osterfestspiele

Karajan

There have been two great phases in my musical artistic life: The Bayreuth phase and the Karajan Phase, which stretched over many years—with interruptions, however. For me the relationship consisted of nothing more than being hired by him. Seen that way, the fight and the "separation" which followed it, were an inevitable emancipation from him and not without some difficulties for me. Six years later I wrote to him to see if we could finally finish the "Lohengrin" we had begun together. I had gotten another offer, but I preferred doing the recording with him, because to my mind he was still the perfect "Lohengrin" conductor … Twelve hours later I received a telegram: "Had the same idea, already got the tapes, You'll hear from me. Herbert Karajan." As though for six years he'd just been waiting to hear from me. After a few collaborations, another four or five years went by when we didn't see each other. This time he broke the silence with a telegram, surprising me on my fiftieth birthday: "Hear of your progress, your career, and wish you …"

And when he directed, taking sole responsibility for the music and the image, everything merged into to a homogenious whole. He was accused of being a traditionalist, but for me he always had a powerful, correct idea of the composition, which he staged exactly as he imagined it. Everything fit to his entertainment-oriented style.

Then Giorgio Strehler came to Salzburg to stage "The Magic Flute". They were both the same size, both wore black suits with black turtleneck sweaters. If you blinked, you could mistake one for the other. When the rehearsals began, Karajan was on vacation in France and read how the rehearsals were going in the newspaper. We were hearing the greatest, most unforgettable lectures about Mozart, hour after hour. But no one

47

48

Wenn man blinzelte, konnte man den einen für den anderen halten. Die Proben begannen, Karajan machte Ferien in Frankreich und ließ sich jeden Abend berichten, wie die Proben liefen. Wir hörten die tollsten, unvergeßlichsten Vorträge über Mozart, Stunden um Stunden. Aber keiner wußte, ob er von rechts raus geht und wo er links wieder abgeht. Zur ersten Orchesterprobe kam Karajan aus dem Urlaub, braungebrannt, und fing an. Doch Strehler tobte rum und schrie die Beleuchter an. Da drehte Karajan sich um, haute auf die Orchesterbrüstung – er hatte ziemlich große Hände – und brüllte: ‹Das ist eine Orchesterprobe!‹. Strehler wurde weiß, stand an der Wand wie ein kleiner Junge. Stumm, eine Viertelstunde lang. Dann verdrückte er sich. Schließlich kam der Premierenabend – mein erster Tamino in Salzburg –, und während ich sang ›Dies Bildnis ist bezaubernd schön,‹ drehte sich Karajan zum Publikum in der ersten Reihe um und deutete mit eindeutig abfälliger Gestik und Mimik an, was er von dem ganzen Abend hielt: Nichts. Ich bezog das natürlich auf mich und wurde immer kleiner, sah Karajan von hinten höhnische Gesten machen und verging beinahe vor Scham. Aber er meinte nicht mich, er meinte die Inszenierung. Vier-, fünfmal haben wir ›Die Zauberflöte‹ gespielt, dann wurde sie abgesetzt.

knew whether to enter from stage right or exit left. A tan Karajan came back from vacation for the first orchestra rehearsal, and started in. But Strehler was throwing a fit and screaming at the lighting designer. Then Karajan turned around, pounded the orchestra railing–he had quite large hands–and yelled, "This is an orchestra rehearsal!" Strehler turned white, and stood against the wall like a child–silent, for quarter of an hour. Then he slipped away. Finally came the opening night–my first Tamino in Salzburg: and while I was singing "This portrait is enchantingly beautiful", Karajan turned around to the audience in the first row and made an unmistakably disparaging gesture and face, just what he thought of the whole evening: Nothing. Naturally, I took it personally and got smaller and smaller, could see Karajan from behind making derisive gestures, and nearly died of shame. But he didn't mean me, he meant the staging. We played "The Magic Flute" four or five times, then it was dropped.

48 Mit Herbert von Karajan in Dresden, 1970

49

50

49–51 Bei den Proben zu ›Lohengrin‹, 1976 in Salzburg

51

Harry Kupfer Mit Kupfer habe ich in Köln ›Jenufa‹ gemacht, das war eine erstklassige Aufführung. Doch bei ›Tannhäuser‹ in Hamburg war ich nicht mehr richtig einverstanden. Er hatte sich auf eine Art Aktions-Regie spezialisiert, der ich nicht folgen kann. Ständig ist alles in Bewegung. Jede Sekunde muß einer von da nach da oder von oben nach unten gehen, und jede Emotion wird in ein bewegliches Bild übertragen. Für mich ist es nicht die ideale Opernregie, weil Oper für mich einen größeren Freiraum braucht, in dem die Musik erzählt wird. Aber natürlich ist er einer der großen Regisseure, und es ist sehr angenehm, mit ihm zu arbeiten.

Harry Kupfer I did a "Jenufa" in Cologne with Kupfer, a first-class production. But with "Tannhauser" in Hamburg I was no longer really in agreement. He specializes in a kind of action staging, which I can't go along with. Everything is always moving. Every second someone has to go from here to there or from up there to down there, and every emotion is transformed into a moving image. For me that's not the ideal opera direction, because opera needs more room for the music to manoeuvre. But of course he's one of the great stage directors, and it is very pleasant to work with him.

52

52 Titelrolle in ›Tannhäuser‹ (Richard Wagner), Oper Hamburg;
R.: Harry Kupfer; D.: Gerd Albrecht

Götz Friedrich

Mit Götz Friedrich habe ich einige Inszenierungen gemacht, aber herausragend ist wohl der ›Tannhäuser‹ und der ›Ring‹. Er ist seit 15 Jahren auf dem Spielplan und zweifellos der beste ›Ring‹, den man in unserer Zeit sehen kann. Wir waren damit in Tokio, Washington und London. Götz ist ein mystischer Bildregisseur. Ihm gelingen große Bilder, die man nicht vergißt. Der Schluß des zweiten Aktes der ›Götterdämmerung‹ gehört dazu. Daß er das wohl beste Opernhaus in Deutschland führt, scheint dabei fast nebensächlich, darf aber eben neben seinen Inszenierungen nicht vergessen werden.

Götz Friedrich

I've done several productions with Götz Friedrich, but the "Tannhäuser" and the "Ring" really stands out. It's been in the repertoire for fifteen years and is without a doubt the best "Ring" you can see these days. We were in Tokyo, Washington and London with it. Götz is a mystical visual director. He manages to create great images that are unforgettable. The end of the second act of "Götterdämmerung" belongs among them. That he runs the very best opera house in Germany seems almost beside the point, but shouldn't be forgotten next to his stagings.

53

53 Titelrolle in ›Tannhäuser‹ (Richard Wagner), Deutsche Oper Berlin, 1992;
R.: Götz Friedrich; D.: Jiři Kout

54

54/55 Titelrolle in ›Tannhäuser‹ (Richard Wagner), Deutsche Oper Berlin, 1992;
R.: Götz Friedrich; D.: Jiři Kout

55

56

56 In der Rolle des Schuiskij in ›Boris Godunow‹ (Modest Mussorgskj) mit Matti Salminen, Deutsche Oper Berlin, 1995; R.: Götz Friedrich; D.: Rafael Frühbeck de Burgos

57 Als Florestan in ›Fidelio‹ (Ludwig van Beethoven), Bayerische Staatsoper München, 1987; R.: Götz Friedrich

57

58 Als Siegfried in ›Götterdämmerung‹ – Ring der Nibelungen (Richard Wagner), Deutsche Oper Berlin, 1985; R.: Götz Friedrich; D.: Jesus Lopez Cobos
59 Titelrolle in ›Tristan und Isolde‹ (Richard Wagner), Deutsche Oper Berlin, 1996; R.: Götz Friedrich; D.: Jiři Kout

58

Dirigenten

Wenn ich mich mit einem Dirigenten musikalisch verstehe, brauche ich keine Einsätze. Ich weiß, daß er da ist, auch wenn ich ihn nicht sehe. Es ist mein Glück, daß ich selten unter Dirigenten gesungen haben, die am Pult stehen, erbarmungslos ihre Sache durchhetzen und den Sänger in ihr Dirigat zwingen. Solange ma auf der Bühne steht, hat man keinen Einfluß auf das musikalische Geschehen. Das geht erst in der Pause und manchmal nicht ohne Krach. Mit der jugendlichen ›Ich-lasse-nicht-alles-mit-mir-machen‹-Attitude bin ich früher häufig angeeckt, weil ich eine Überzeugung hatte und den Willen, sie durchzusetzen. Ich war ja nicht in der Bundeswehr engagiert, sondern im Theater, und ich war nicht zum Strammstehen da, sondern zum Mitmachen und zum Nachdenken; ich wollte meinen Teil in die Probenarbeit einbringen. Und mit den wirklich guten Leuten habe ich nie wirklich Krach gehabt. Es sei denn, jemand war krank. Karajan war krank, ich war krank – rums, hat's gerappelt.

Conductors

If I get along musically with a conductor, I don't need a downbeat. I know that he's there even if I don't see him. It's my good fortune that I've seldom sung under conductors who stand on the podium racing mercilessly through their stuff to force the singer to their way of conducting. As long as you're on stage you have no influence over what's happening musically. That happens during in the intermission and sometimes not without a fight. With my youthful, I-don't-do-everything-I'm-told attitude, I often used to rub people the wrong way, because I had a conviction and the will to assert it. After all, I wasn't hired for the army but for the theater, and I wasn't there to stand at attention, but to join in and to give it some thought; I wanted to bring in my share of the rehearsal work. And with the really good people, I never really had a quarrel. Sometimes someone wasn't feeling well. Karajan, or me—then we flipped out.

60 Titelrolle in ›Rienzi‹ (Richard Wagner) mit Cheryl Studer, Bayerische Staatsoper München, 1983; R.: Hans Lietzau; D.: Wolfgang Sawallisch

60

62

61 Titelrolle in ›Othello‹ (Giuseppe Verdi), Deutsche Oper Berlin, 1994;
R.: Graham Vick; D.: Rafael Frühbeck de Burgos
62 Titelrolle in ›Palestrina‹ (Hans Pfitzner) mit Wolfgang Schöne,
Deutsche Oper Berlin, 1995; R.: Pöttgen; D.: Christian Thielemann

63

64

63 Als Max in ›Der Freischütz‹ (Carl Maria von Weber) mit Thomas Mohr, Oper Bonn, 1992; R.: Gian-Carlo del Monaco; D.: Dennis Russel Davis

64 Titelrolle in ›Tannhäuser‹ (Richard Wagner), Bayerische Staatsoper München, 1994; R.: David Alden; D.: Zubin Mehta

65

65 Titelrolle in ›Rienzi‹ (Richard Wagner), Bayerische Staatsoper München, 1983; R.: Hans Lietzau; D.: Wolfgang Sawallisch

Bernstein Leonard Bernstein konnte aus dem Stand die unglaublichsten Vorträge halten in einem Deutsch, das ich von Deutschen nie gehört habe. Er war ein universal gebildeter Kopf mit der emotionalen Sprengkraft eines Menschen, der fünf Leben auf einmal führt. Jeder normale Mensch hätte dieses Leben bis 35 geführt, dann wäre er tot umgefallen. Daß Bernstein 70 wurde, grenzt für mich an ein Wunder. Er war nur unterwegs, von Party zu Party, von Vortrag zu Vortrag, dazwischen schreiben, dazwischen dirigieren. Ich weiß nicht, wann er geschlafen hat. Was durch diesen Körper durchgelaufen und durchgeraucht ist! Und in allem war er immer wach und durchdrungen von einem faszinierenden jüdischen Intellekt – eine Jahrhunderterscheinung. Musikalisch war ich nicht immer einverstanden mit dem, was er machte. Er hat zum Beispiel Mahlers Symphonien schwülstig übertrieben, wo ich finde, daß man den Romantizismus der Musik streng behandeln muß, fast wie Beethoven. Die Strenge des Klassizismus tut Mahlers Musik gut. Mit Leonard Bernstein und Christa Ludwig habe ich ›Das Lied von der Erde‹ – meinen Lieblings-Mahler – in Tel Aviv und Jerusalem gesungen. Dies und ›Fidelio‹ in Wien bleiben Sternstunden meiner Arbeit mit Bernstein.

Leonard Bernstein Leonard Bernstein could give the most unbelievable lectures off the cuff in a German that I've never even heard from Germans. He was a universally cultivated brain with the emotional explosive force of a man who is living five lives at once. Any normal person would have led this life until 35 and then dropped dead. That Bernstein was 70 borders on a miracle. He was always on the go, from party to party, from lecture to lecture, writing in between, and conducting in between. I don't know when he slept. The things that have poured through that body and been inhaled through it! And through it all he was always awake and imbued with a fascinating Jewish intellectualism–a figure of the century. Musically I wasn't always in agreement with what he did. For instance he carried Mahler's symphonies to a bombastic extreme, where I find that the romanticism of the music must handled austerely, almost like Beethoven. The austerity of classicism does Mahler's music good. With Leonard Bernstein and Christa Ludwig, I sang "Das Lied von der Erde", my favorite Mahler, in Tel Aviv and Jerusalem. That and "Fidelio" in Vienna remain great moments in my work with Bernstein.

66

66 René Kollo mit Leonard Bernstein, um 1976

Solti Solti probierte bis zum Umfallen, bis keiner mehr einen Ton herausbrachte. Er, der eruptive, dramatisierende Ungar, brauchte das und führte es zu aufregenden, hoch-verdichteten Ergebnissen. Sein ›Ring‹ gehört ohne Frage zu den beeindruckendsten Aufnahmen dieser ungeheuren Musik. Aus Zufall hörte ich im Radio Teile der Aufzeichnung des ›Parsifal‹, die ich mit ihm gemacht hatte und war begeistert von dem Abenteuer, das Georg Solti mit Wagner eingeht. Es ist absolut überzeugend. Menschlich ist er einer der nettesten Dirigenten – viel Mensch, wenig Maestrohaftes.

Solti Solti rehearsed to death, until no one could utter a sound anymore. The explosive, dramatizing Hungarian in him needed that and it led to exciting, intense results. His RING belongs without question to the most impressive recordings of this astounding music. By chance, on the radio, I heard part of the "Parsifal" recording I had made with him and was delighted by sense of adventure with which Georg Solti entered into Wagner. It is absolutely convincing. Personally, he is one of the nicest conductors—a real mensch, and very few maestro airs.

67

67 Mit Sir Georg Solti bei Schallplattenaufnahmen zu ›Tannhäuser‹, 1970

Inszenieren

In jedem Fall wünsche ich mir, wenn ich selber inszeniere, viel Zeit, um das Stück zu entwickeln, damit ein fertiges Konzept entsteht, mit dem ich in die Proben gehen kann. Ein Konzept, in das die Menschen integriert werden. Interessant wird es, wenn man feststellt, daß eine Idee nicht aufgeht, weil der Sänger sie nicht verkörpern kann. Dann beginnt die Regiearbeit: Man muß schnell eine neue Idee finden und so kommt man auf Umwegen auch ans Ziel. Das ist spannend und schön. Doch die Grenze der Darstellung ist immer der Gesang: Denn für die Schönheit der Stimme muß der Körper in absolut entspannter Ruhe sein. Für diese Ruhe braucht der Sänger eine unglaubliche Spannung mit einer unglaublichen Entspannung. Das ist Bedingung fürs Singen, sonst funktioniert es nicht. Max Reinhardt wurde einmal gefragt: ›Wer ist für sie der bedeutendste Schauspieler?‹ Eine blöde Fangfrage, wie sollte Reinhardt die beantworten. Doch seine Antwort kam prompt und verblüffend: ›Caruso!‹ ›Wieso ein Sänger, und ausgerechnet Caruso?‹ Weil Caruso, wenn er erfüllt singt, nur da steht. Ein bißchen dicklich, ein bißchen unansehnlich. Aber in dem Moment, in dem er singt, ist alles erreicht, was ich versuche, durch Regie herzustellen.

Directing

When I direct, I want a lot of time to develop the piece in my head, so that a prepared concept exists with which I can go into rehearsal—a concept into which the people will be integrated. It gets interesting when you realize that an idea doesn't work because a singer can't act it. That's when the directing work begins: You have to quickly find a new idea, using a detour to get tp your goal. Its exciting and wonderful. But singing always puts limitations on acting: Because the body has to be in a state of relaxed repose for the voice to be beautiful. To achieve this state, the singer needs an unbelievable tension with an unbelievable relaxation. This is a must for singing, otherwise it doesn't work. Max Reinhardt was once asked: "Who for you is the most important actor?" A stupid trick question, how should Reinhardt answer? But his answer was prompt and amazing: "Caruso!" "Why a singer, Caruso especially?" Because Caruso, when he sings, just stands there. A bit tubby, a bit unsightly. But the moment he sings, he achieves everything I'm trying to establish through directing.

68–72 Kollo bei der Regiearbeit zum ›Parsifal‹ (Richard Wagner), Darmstadt

68

69

70

71

72

Ausland

Nach der ›Lohengrin‹-Premiere an der Metropolitan Opera in New York bereitete mir das Publikum die größte Ehrung, die die New Yorker einem Sänger erweisen: die Konfettiparade. Die Zuschauer zerreißen die Programme und lassen die Schnipsel nach unten in den Zuschauerraum regnen. Das gehört zu meinen bewegendsten Erinnerungen.

Und auch die Japaner waren – zu meiner großen Überraschung – maßlos in ihrem frenetischen Jubel. Fast zwei Stunden tobte und schrie das japanische Publikum nach den Gastspielen mit dem ›Ring‹ der Deutschen Oper in Tokio. Sie brachten Rosen unde Blumen an die Rampe, und alle Beteiligten, Chor, Technik, Sänger, Publikum standen auf der Bühne und tranken Sake aus kleinen Holzpinnchen. Man kann nicht erzählen, was mir in Japan alles Gutes getan wurde. Die Japaner haben eine starke Liebe und großes Verständnis für unsere Kultur. In jedem Plattenladen stehen alle Einspielungen von Wilhelm Furtwängler, während man bei uns mit Ach und Krach mal gerade drei Platten von ihm finden kann.

Abroad

After the "Lohengrin" premiere at the Met in New York, the audience gave me the greatest honor that a New Yorker can pay to a singer: the confetti parade. The audience tore up their programs and let the scraps of paper rain down into the parterre. That belongs to my most moving memories.

The Japanese too were boundless with frenetic cheering–to my great surprise. The Japanese audience cheered and yelled for nearly two hours after the Deutsche Oper's guest performance of the "Ring" in Tokyo. They brought roses and flowers to the edge of the stage and everyone involved–chorus, stage hands, singers, audience–stood on the stage and drank sake from little wooden cups. I can't go into all the good things that happened to me in Japan. The Japanese have a strong love and great appreciation of our culture. Every record shop offers all the recordings of Wilhelm Furtwängler, while at home you can barely find three of his recordings.

73 Als Bacchus in ›Ariadne auf Naxos‹ (Richard Strauss), Metropolitan Opera New York, 1979; R.: Carl Ebert; D.: James Levine

74 Titelrolle in ›Lohengrin‹ (Richard Wagner) mit Pilar Lorengar und Bonaldo Giaiotti, Metropolitan Opera New York, 1976; R.: August Everding; D.: James Levine

75 René Kollo während seiner Japan-Tournee, 1987

76 Seine Kaiserliche Hoheit, der Kronprinz von Japan, im Gespräch mit René Kollo

73

74

75

76

›Der Jahrhundert-Ring‹

Ich hatte das Glück, mit meinem Debut in Bayreuth – als Steuermann im ›Fliegenden Holländer‹ – gleich zum Hit der Saison zu werden. Eine zeitlang schien es, als würde über nichts anderes gesprochen. Das war ein toller Anfang. Doch das wichtigste Ereignis sollte meine Begegnung mit Patrice Chéreau bleiben. Als er auf den Grünen Hügel kam, um seinen ›Ring‹ zu inszenieren, hatte er zunächst so ziemlich alle gegen sich. Als ob man sich vor einer Verfremdung Wagners fürchtete. Ich habe ihn sofort enthusiastisch verteidigt, weil ich gesehen habe, was für eine ungeheure theatralische Kraft er während der Proben ausstrahlte. Das hatte uns lange gefehlt in Bayreuth, einen solchen theatralischen Menschenregisseur zu haben. Er war, nach Wieland Wagner, der erste, der die Emotionen der Figuren wieder auf die Bühne brachte und sichtbar machte. Für mich war es das gefundene Fressen. Ich habe Chéreau alles aus der Hand gesaugt, was er mir anbot, weil es mich als Schauspieler ernährte. Ich sah ihm zu, was er vorspielte und wußte sofort ›Ja, so gehört das. Das ist richtig‹ – Eine ganz wunderbare und leider seltene Erfahrung.

"The Ring of the Century"

With my debut in Bayreuth as the helmsman in "The Flying Dutchman", I had the good fortune to become the hit of the season right away. For a while it seemed that nothing else was being talked about. It was a fantastic beginning. But the most important event remains my encounter with Patrice Chéreau. When he came to the 'green hill' to direct his "Ring", nearly everyone was against him at first. As though everyone were afraid of a Wagner alienization. I defended him enthusiastically right away, because I saw what an enormous theatrical power he communicated during the rehearsals. We had long been missing such a theatrial, character-oriented director in Bayreuth. After Wieland Wagner, he was the first to bring the emotions of the characters back to the stage and make them visible. For me it was like water in the desert. I drank everything Chéreau offered me, because it nurtured me as an actor. I watched him act something out and knew right away: "Yes, this is how it's done. This is right." A wonderful—and unfortunately rare—experience.

77 Als Siegfried in ›Der Ring des Nibelungen‹ (Richard Wagner), Bayreuth, 1976; R.: Patrice Chéreau; D.: Pierre Boulez

77

Im Land der Operette

Es ist ein Irrtum anzunehmen, Operettenpartien seien durchweg weniger anspruchsvoll und anstrengend für den Sänger. Für ›Die Lustige Witwe‹ beispieslweise braucht man, wenn sie anständig besetzt sein soll, die besten Sopranistinnen, die man dafür kriegen kann. Während der Graf Danilo weniger Herausforderung bedeutet, den kriegt man immer irgendwie hin. Aber die Tastatur im ›Land des Lächelns‹ spielt immer oben, immer Spitzentöne, immer hoch. Ich habe in der Oper viele leichtere Partien gesungen und wer nicht vollkommen auf der Höhe ist, braucht in das ›Land des Lächelns‹ gar nicht erst aufzutreten. Unterhaltung ist ein mühsames Geschäft. Das Genre Operette stellt eben andere Aufgaben als die Oper.

In the Land of the Operetta

It's a mistake to assume that operetta roles are always less demanding and strenuous for a singer. For instance, for "The Merry Widow", if it's correctly cast, you need the best's opranos you can get. Count Danilo you can get anywhere because his role is less challenging. But the tessitura of "The Land of Smiles" is always up, always top notes, always high. I've sung much easier roles in opera. Anyone who isn't at his best shouldn't even show up in "The Land of Smiles". Entertainment is an arduous business. The operetta genre presents different problems than opera.

78

78 Als Prinz Sou-Chong in ›Das Land des Lächelns‹ (Franz Lehár) mit Regina Klepper, Metropol Theater, Berlin, 1996; R.: Anna Vaughn; D.: Werner P. Seifert

79

80

79 Als Eisenstein in ›Die Fledermaus‹ (Johann Strauss), Bayerische Staatsoper München; R.: Michael Hampe
80 René Kollo in ›Die Csárdásfürstin‹ (Emmerich Kalmán) mit Anna Moffo und Sandor Németh, Fernsehaufzeichnung

81

81/82 Als Graf Danilo Danilowitsch in ›Die lustige Witwe‹ (Franz Lehár) mit Karan Armstrong, Metropol Theater Berlin; R.: René Kollo; D.: Michael Hofstetter

82

Familie

Die Familie wird, je älter ich werde, mehr und mehr zum Kernpunkt meines Lebens. Ich lerne Dinge, die ich selber als nicht sehr positiv erlebt habe, bei meinen Kindern anders zu machen. Und somit bekommt das eigene Erleben einen Sinn. Und doch weiß man nicht, ob man nicht vielleicht alles falsch macht bei dem Versuch, alles richtig zu machen. Meistens kommt man erst später drauf. Ich selber wurde, was ich bin, aus Gegnerschaft zu meinem Vater. Wie weit also, frage ich mich als Vater, wie weit muß die Liebe gehen, und wann muß ich den Widerstandswillen wecken? Auf jeden Fall werde ich alles tun, um zu verhindern, daß eines der Kinder die Kollo-Tradion weiterführt. Wenn sie es wirklich wollen, trotz meiner Verhinderung, werden sie es schaffen – dann werde ich mich nicht sträuben.

Family

As I get older, the family is becoming more and more the central focus of my life. Things that were a negative experience for me, I do another way with my children. That way my own experience becomes meaningful. And yet, you never know whether you haven't done everything wrong in the effort to do everything right. Mostly you find out later on. I became what I am out of opposition to my father. So I ask myself as a father, how far does love have to go before it encounters resistance? In any case, I'll do whatever I can to prevent one of my children from following in the Kollo tradition. If she really wants it, in spite of my aversion, then she'll make it–then I won't fight it.

83

83 René Kollo in Familie

Mallorca

Wenn ich noch einmal etwas Neues beginnen sollte, dann dort,weit weg von den anstrengenden Abenden auf der Opernbühne. Vielleicht ein Liederabend hin und wieder, mal ein Konzert. Aber vor allem: Ein großes Stück Land mit Bäumen kaufen. Ich würde Kartoffeln pflanzen und Bohnen, ein paar Schweine züchten. Und über das Tal schauen am Abend mit einem guten Rotwein im Glase und meiner Frau im Arm.

Majorca

If I ever begin something new again, then it will be there, far away from the exhausting evenings on the opera stage. Perhaps an evening of lieder every now and then, or even a concert. But above all: I'd buy a large piece of land with trees. I'd plant potatoes and beans, and raise a few pigs. And look over the valley in the evening with a glass of good red wine.

84 Familie Kollo auf Mallorca

84

Fliegen und Segeln

In Bayreuth habe ich mit dem Fliegen begonnen, weil ich eigentlich nie ein besonderes Wohlgefühl dabei hatte. Ich wollte genau wissen, was dahinter steckt. Mittlerweile habe ich, nach ungefähr zwölf Jahren, wieder damit aufgehört. Es war eine schöne Zeit, aber ich denke, wenn man die Sechzig erreicht, sollte man sich nicht mehr allein da reinsetzen. Die Gefahr für einen selber, aber auch für andere, wird dann doch zu groß.

Die Segelleidenschaft kam erst später. Mit Freunden fuhr ich nach Royon in Frankreich und ließ mir dort ein Boot bauen. Das erste war ein 14-Meter-Schiff, und dann folgte einige Jahre später ein 21-Meter-Schiff. Wer ein Segelboot hat, dem brauche ich darüber weiter nichts zu erzählen. Man hat nie Zeit dafür, zahlt aber ohne Pause. Dann kamen unsere drei kleinen Kinder, meine Frau war sowieso nie dafür, sodaß der Spaß dann auch ein Ende hatte.

Flying and Sailing

In Bayreuth I took up flying because I had never really enjoyed it. I wanted to know exactly what was behind it. After about twelve years, I've now stopped it. It was a wonderful period, but I think when you reach sixty, you shouldn't fly alone anymore. The danger for yourself and others, is just too high.

A passion for sailing came later. I drove with friends to Royon in France and had a boat built for me. The first one was a 14-meter-long boat which was followed several years later by a 21-meter boat. I don't have to tell anyone who owns a sailboat about it. You never have time for it but you're always paying for it. Then our three children came. My wife was never in favor of it anyway, so that pleasure came to an end as well.

85

86

87

88

Kritiken

Zu Beginn einer Karriere will jeder Kritiker das neue Talent entdeckt haben, schreibt ›Ich habe ihn entdeckt!‹ und überhäuft ihn mit Hymnen. Dann schreibt ein anderer ›Nein, ich habe ihn entdeckt!‹, und es folgen weitere Hymnen. Dann stellt sich heraus, daß der eine gar nicht der Entdecker war, dann hat das Talent von jenem immer noch Hymnen, von diesem aber schon Verrisse, und so geht das dann weiter.

Ich kann mich als Sänger im Rückblick nicht über schlechte Kritiken beklagen, es waren überwiegend gute bis enthusiastische. Ein einziges Mal ist mir das Wesen der Kritik so richtig vor Augen geführt worden, als einer geschrieben hat: ›Er schleicht die Töne da so an.‹ Da schrieb jemand, was ihm mißfiel. Damit konnte ich umgehen, denn ich konnte eine Änderung herbeiführen. Ich hätte sagen können: Das ist mein Stil, das bleibt so. Stattdessen habe ich an meiner Technik gearbeitet, und somit war es eine produktive Kritik.

Kritiker, die schreiben ›Das gefällt mir‹, ›Das gefällt mir nicht‹ drücken höchstens subjektives Empfinden aus, und das hilft keinem Künstler weiter. Im besten Fall ist es amüsant formuliert und sagt zwischen den Zeilen ›Schaut her, wie witzig ich schreiben kann‹. Selten ist es wirklich musikkritisch fundiert und charmant, wie es zum Beispiel die Kritiken von Klaus Geitel sind. Selbst wenn er einen Verriß schreibt, bleibt er freundlich. Im allgemeinen hat sich in dreißig Jahren wenig geändert. Immer war es eine Frage von Mögen oder Nicht-Mögen. Da hilft nur eins: Nicht-lesen.

Als Intendant allerdings kann man die Kritiken nicht so leicht ignorieren. Denn natürlich liegt einem der Erfolg mit dem eigenen Haus am Herzen – schon im Interesse der Stimmung unter den Mitarbeitern. Wenn man dann nach der Premiere

Critics

At the start of a career, every critic wants to have discovered a new talent, writing "I discovered him!" and inundating him with accolades. Then another one writes, "No, I discovered him!" and then come more accolades. Then suddenly it turns out that the one wasn't the discoverer at all, because the talent always has accolades from that one, but from this one already bad reviews, and so it goes.

In retrospect, I can't complain much about bad reviews as a singer–they were predominantly good to enthusiastic. Only once did I really see into the nature of criticism when one wrote: "He slides into his notes." Because someone wrote what displeased him. I could deal with that because I could bring about a change. I could have said, "That is my style, it'll stay that way." Instead, I worked on my technique and therefore it was a constructive criticism.

Critics who write "I like that," "I don't like that" are mostly expressing subjective feelings, and that doesn't help an artist any further. The best such reviews are amusingly written, saying between the lines, "Look how wittily I can write". They're seldom really intelligent, or based on music criticism, or charming the way the reviews of Klaus Geitel are, for example. Even when he writes a bad review, he remains friendly. Generally, very little has changed in thirty years. It was always a question of like-don't like. Only one thing helps: don't read.

As a theater manager, however, you can't ignore critics so lightly. Because you're very concerned about the success of your theater–for morale among your colleagues. If, after the opening night of a piece you've put half a year's work into, you open the newspaper and have to read that the critic thinks: "Now the singer is a theater manager and now he's directing, too–that's

eines Stückes, in dem ein halbes Jahr Arbeit steckt, die Zeitung aufschlägt und lesen muß, daß der Kritiker findet ›Nun ist der Sänger Intendant geworden, und nun macht er auch noch die Regie – das geht zu weit‹ und daß er dabei übersieht oder ignoriert, daß sich ein Publikum prächtig amüsiert hat, dann wird man nach der Lektüre der Kritik böse. Dann tut sie sich wieder auf – die Kluft, die Künstler und Kritiker voneinander trennt.

going too far"–overlooking or ignoring the fact that the audience had a splendid time, then you get very angry with the critic. Then it opens up once again–that gulf which separates artist from critic.

Wichtige Lebensdaten

1937 Am 20. November wird René Kollo in Berlin geboren.

1945 Die Familie Kollo flieht bei Kriegsende nach Hamburg. René Kollo besucht das Hunnius-Internat in Wyk auf Föhr.

1954 Er lernt als Autodidakt Schlagzeug, Kontrabaß, Klavier und Gitarre.

1958 Schüler der Berliner Gesangspädagogin und Opernsängerin Elsa Varena. 1965 beendet er sein Studium.

1959 Er unterzeichnet den ersten Schallplattenvertrag. Von seiner ersten Single (›Hello, Mary Lou‹) werden über 125.000 Stück verkauft.

1965 Erstes Engagement am Staatstheater Braunschweig als Lyrischer Tenor.

1967 Die Deutsche Oper am Rhein, Düsseldorf-Duisburg, engagiert ihn. Er heiratet die dänische Schlagersängerin Dorthe. Ihre Tochter Olivia Nathalie wird geboren.

1969 Wolfgang Wagner holt ihn zu den Bayreuther Festspielen. Debüt als Steuermann im ›Fliegenden Holländer‹ (Musikalische Leitung: Silvio Varviso, Inszenierung: August Everding) und als Kunz Vogelsang in ›Die Meistersinger von Nürnberg‹ (Musikalische Leitung: Berislav Klobučar, Inszenierung: Wolfgang Wagner).

1970 Debüt an der Mailänder Scala als Matteo in Strauss' ›Arabella‹ (Musikalische Leitung: Wolfgang Sawallisch, Inszenierung: Rudolf Hartmann).
Bayreuther Festspiele: Er singt in ›Der fliegende Holländer‹ die Partie des Erik, im ›Rheingold‹ den Froh (Musikalische Leitung: Horst Stein, Inszenierung: Wolfgang Wagner).
Georg Solti verpflichtet ihn als Tannhäuser für seine Schallplatten-Gesamtaufnahme.

1971 Erster Auftritt an der Wiener Staatsoper als Parsifal. Lohengrin bei den Bayreuther Festspielen (Musikalische Leitung: Silvio Varviso, Inszenierung: Wolfgang Wagner).

1972 Debüt in Chicago in Mahlers ›Lied von der Erde‹ (Chicago Symphony Orchestra, Sir Georg Solti).
›Meistersinger‹ bei den Salzburger Festspielen mit Herbert von Karajan und Einspielung der Schallplatte.

1973 Zum ersten Mal als Walther von Stolzing in ›Die Meistersinger von Nürnberg‹ bei den Bayreuther Festspielen (Musikalische Leitung: Silvio Varviso, Inszenierung: Wolfgang Wagner).

1974 Stolzing in ›Die Meistersinger von Nürnberg‹ bei den Salzburger Osterfestspielen und in Bayreuth.

1975 Zum ersten Mal Parsifal bei den Bayreuther Festspielen (Musikalische Leitung: Horst Stein, Inszenierung: Wolfgang Wagner). Debüt in New York in einer konzertanten Aufführung des ›Fliegenden Holländer‹ in der Carnegie Hall (Dirigent: Sir Georg Solti).

1976 Lohengrin in der Karajan-Inszenierung der Salzburger Osterfestspiele.
Kollos Ehe mit Dorthe wird geschieden.

Key biographical dates

1937 René Kollo is born on November 20, in Berlin.

1945 The Kollo family flees to Hamburg at the end of the war. René Kollo attends the Hunnius Boarding School in Wyk on the island of Föhr.

1954 He teaches himself drums, bass, piano and guitar.

1958 Studies with the Berlin voice teacher and opera singer Elsa Varena. He completes his studies in 1965.

1959 He signs his first recording contract. More than 125,000 copies are sold of his first single, "Hello, Mary Lou".

1965 First engagement at the Braunschweig State Theater as a lyric tenor.

1967 The Deutsche Oper am Rhein, Düsseldorf-Duisburg, hires him.
He marries the Danish pop singer Dorthe. Olivia Nathalie, their daughter, is born.

1969 Wolfgang Wagner brings him to the Bayreuth Festival. He debuts as the helmsman in "The Flying Dutchman" (Conductor: Silvio Varviso, Director: August Everding) and sings Kunz Vogelsang in "Die Meistersinger von Nürnberg" (Conductor: Berislav Klobučar, Director: Wolfgang Wagner).

1970 Makes his debut at La Scala in Milan as Matteo in Richard Strauss's "Arabella" (Conductor: Wolfgang Sawallisch, Director: Rudolf Hartmann).
Bayreuth Festival: Sings the part of Erik in "The Flying Dutchman", and Froh in "Das Rheingold" (Conductor: Horst Stein, Director: Wolfgang Wagner).
Georg Solti enlists him for the part of "Tannhäuser" in his complete recording.

1971 First appearance at the Vienna State Opera as Parsifal.
Appears as Lohengrin at the Bayreuth Festival (Conductor: Silvio Varviso, Director: Wolfgang Wagner)

1972 Makes his debut in Chicago in Gustav Mahler's "Das Lied von der Erde" with the Chicago Symphony Orchestra, Georg Solti.

1972 He does "Meistersinger" at the Salzburg Festival under Herbert von Karajan and records it.

1973 Sings his first Walther von Stolzing in "Meistersinger" at the Bayreuth Festival (Conductor: Silvio Varviso, Director: Wolfgang Wagner).

1974 Sings Stolzing in "Die Meistersinger von Nürnberg" at the Salzburg Easter Festival and in Bayreuth.

1975 Sings his first Parsifal at the Bayreuth Festival (Conductor: Horst Stein, Director: Wolfgang Wagner). Makes his New York debut at Carnegie Hall in a concert performance of "The Flying Dutchman" (Conductor: Georg Solti).

1976 Sings Lohengrin in the Karajan staging at the Salzburg Easter Festival. Kollo's marriage to Dorthe ends in divorce.
He makes his debut at the Royal Opera House Covent Garden in London as Siegmund ("Die Walküre") in Götz Friedrich's staging of The Ring of the Nibelungs (Conductor: Bernard Haitink).

1976 Debüt am Royal Opera House Covent Garden in London als Siegmund (›Walküre‹), in der Götz-Friedrich-Inszenierung des ›Ring des Nibelungen‹ (Dirigent: Bernard Haitink).
100 Jahre Bayreuther Festspiele: Siegfried (in ›Siegfried‹) im ›Jahrhundert-Ring‹ (Musikalische Leitung: Pierre Boulez, Inszenierung: Patrice Chérau). Außerdem Parsifal und, in der 100-Jahr-Feier am 23. Juli, unter der Leitung von Karl Böhm, Stolzing in der Festwiesenszene der ›Meistersinger‹. Debüt an der New Yorker Metropolitan Opera als Lohengrin.
1977 Israel – Mahlers ›Lied von der Erde‹ mit Christa Ludwig (Dirigent: Leonard Bernstein)
Erste Folge der Fernsehsendung ›René Kollo: Ich lade gern mir Gäste ein‹.
1978 Florestan (›Fidelio‹) an der Wiener Staatsoper (Musikalische Leitung: Leonard Bernstein, Inszenierung: Otto Schenk).
Hermann in Tschaikowskijs ›Pique Dame‹ in Köln (Musikalische Leitung: Gerd Albrecht, Inszenierung: Rudolf Noelte).
1979 Bacchus in Strauss' ›Adriadne auf Naxos‹, Metropolitan Opera New York (Musikalische Leitung: James Levine, Inszenierung: Bodo Igesz). Don José in ›Carmen‹ an der Deutschen Oper Berlin (Musikalische Leitung: Horst Stein, Inszenierung: Peter Beauvais).
Tod der Mutter am 19. August.
Berlins Kultursenator überreicht ihm im Auftrag des Bundespräsidenten Walter Scheel das Bundesverdienstkreuz.
1980 Lohengrin in London (Musikalische Leitung: Silvio Varviso, Inszenierung: Elijah Moshinsky). Debüt als Tristan bei den Junifestwochen Zürich (Musikalische Leitung: Heinz Fricke, Inszenierung: Claus Helmut Drese). An der Pariser Oper in Strauss' ›Die Frau ohne Schatten‹ (Musikalische Leitung: Christoph von Dohnányi, Inszenierung: Nikolaus Lehnhoff).
1981 In Bayreuth als Tristan (Musikalische Leitung: Daniel Barenboim, Inszenierung: Jean-Pierre Ponnelle).
René Kollo eröffnet am 7. Dezember als Lohengrin die Spielzeit der Mailänder Scala (Musikalische Leitung: Claudio Abbado, Inszenierung: Giorgio Strehler).
1982 heiratet René Kollo die Tänzerin Beatrice Boqet (28. 12. 1982).
›Lohengrin‹ – fünf Aufführungen an der Mailänder Scala sagt er ab, da ihm die Giorgio-Strehler-Inszenierung nicht zusagt.
1983 ›Rienzi‹-Premiere am 6. 7. 1983 in München.
1984 ›Parsifal‹ konzertant in San Francisco und ›Siegfried‹ an der San Francisco Opera.
Stolzing in ›Die Meistersinger von Nürnberg‹ in Zürich.
›Bayerischer Kammersänger‹
1985 Tochter Florence Marguerite wird am 23.7. 1985 geboren.
Die Pariser Musikwelt feiert ihn als ›aktuell besten Tristan der Welt‹.

1976 100th anniversary of the Bayreuth Festival: Siegfried (in "Siegfried") in the "Ring of the century" (Conductor: Pierre Boulez, Director: Patrice Chéreau). Also Parsifal, and in the 100th anniversary celebration on July 23, Stolzing in the fairground scene from "Meistersinger", under Karl Böhm
Makes his debut at the Metropolitan Opera in New York as Lohengrin.
1977 Sings Mahler's "Das Lied von der Erde" with Christa Ludwig in Israel (Conductor: Leonard Bernstein).
The first of his TV shows, "Rene Kollo: Be my guest."
1978 Sings Florestan ("Fidelio") at the Vienna State Opera (Conductor: Leonard Bernstein, Director: Otto Schenk).
Sings Hermann in Tchaikovsky's "Pique Dame" in Cologne (Conductor: Gerd Albrecht, Director: Rudolf Noelte).
1979 Sings Bacchus in Richard Strauss's "Ariadne auf Naxos" at the Metropolitan Opera in New York (Conductor: James Levine, Director: Bodo Igesz). Sings Don Jose in CARMEN at the Deutsche Oper in Berlin (Conductor: Horst Stein, Director: Peter Beauvais).
His mother dies on August 19.
Berlin's Cultural Senator awards him the Federal Service Cross (Bundesverdienstkreuz) on behalf of the President Walter Scheel.
1980 Sings Lohengrin in London (Conductor: Silvio Varviso, Director: Elijah Moshinsky). Makes his debut as Tristan at the June Festival Weeks in Zurich (Conductor: Heinz Fricke, Director: Claus Helmut Drese). Appears at the Paris Opera in Strauss's "Die Frau ohne Schatten" (Conductor: Christoph von Dohnanyi, Director: Nikolaus Lehnhoff).
1981 Appears in Bayreuth as Tristan (Conductor: Daniel Barenboim, Director: Jean-Pierre Ponnelle).
René Kollo opens the La Scala season in Milan on December 7 as Lohengrin (Conductor: Claudio Abbado, Director: Giorgio Strehler).
1982 René Kollo marries the dancer Beatrice Bouquet (December 28).
"Lohengrin": He cancels five performances at La Scala in Milan because the Giorgio Strehler production doesn't appeal to him.
1983 In "Rienzi" premiere on July 6, 1983 in Munich.
1984 A concert performance of "Parsifal" in San Francisco and "Siegfried" at the San Francisco Opera.
Stolzing in "Die Meistersinger von Nürnberg" in Zurich.
"Bayerischer Kammersänger".
1985 His daughter Florence Marguerite is born on July 23.
1985 He is celebrated in Paris by music lovers as the "best current Tristan in the world."
1986 "Parsifal", his own staging in Darmstadt.
1987 His daughter Magalie Johanna is born on July 16.
1988 The title role in "Othello" in Frankfurt, staged by Rudolf Noelte.

1986 ›Parsifal‹ – eigene Regie in Darmstadt.
1987 Tochter Magalie Johanna wird geboren (16. 7. 1987).
1988 ›Othello‹, Titelpartie in Frankfurt, Inszenierung Rudolf Noelte.
1991 Sohn Oliver Walter wird geboren (26. 7. 1991).
›Tiefland‹ von Eugen d'Albert – eigene Regie in Ulm.
›Peter Grimes‹-Titelrolle an der Bayerischen Staatsoper, Inszenierung: Tim Albery
Großes Bundesverdienstkreuz
Verleihung des Paul-Lincke-Rings
1992 ›Tannhäuser‹-Titelpartie an der Deutschen Oper Berlin, Inszenierung: Götz Friedrich
Max in ›Der Freischütz‹ in Bonn, Inszenierung: Gian Carlo Del Monaco
Canio in ›Bajazzo‹ in Bonn, Inszenierung: Gian Carlo Del Monaco
1993 ›Othello‹ – die Titelpartie in Hamburg, Inszenierung: August Everding
1994 ›Berliner Kammersänger‹
1995 Schuiskij in ›Boris Godunow‹ in Berlin, Inszenierung: Götz Friedrich, Musikalische Leitung: Rafael Frühbeck de Burgos
Titelrolle in ›Palestrina‹ an der Deutschen Oper Berlin, Inszenierung: Ernst Ludiwg Poettgen
1996 Intendant des Berliner Metropol Theaters.
1997 Kurfürst in ›Prinz von Homburg‹ von Hans Werner Henze an der Deutschen Oper Berlin, Inszenierung: Götz Friedrich, Musikalische Leitung: Christian Thielemann

1991 His son Oliver Walter is born on July 26.
"Tiefland" (Lowlands) by Eugen d'Albert, in his own staging in Ulm.
The title role in Benjamin Britten's "Peter Grimes" at the Bavarian State Theater in Munich (Director: Tim Albery).
"Großes Bundesverdienstkreuz"
"Paul Lincke Ring"
1992 The title role in "Tannhäuser" at the Deutsche Oper Berlin (Director: Götz Friedrich).
Max in "Der Freischütz" in Bonn (Director: Gian Carlo Del Monaco).
Canio in "Bajazzo" in Bonn (Director: Gian Carlo Del Monaco).
1993 The title role in "Othello" in Hamburg. (Director: August Everding).
1994 "Berliner Kammersänger".
1995 Schuisky in "Boris Godunov" in Berlin (Director: Götz Friedrich, Conductor: Rafael Frühbeck de Burgos).
1995 The title role in "Palestrina" at the Deutsche Oper Berlin (Director: Ernst Ludwig Poettgen).
1996 General Manager of the Metropol Theater in Berlin.
1997 Kurfürst in "Prinz von Homburg" at the Deutsche Oper Berlin (Director: Götz Friedrich)

Rollen und Partien

Opern

Komponist	Werk	Rolle
Ludwig v. Beethoven	Fidelio	Florestan
Georg Bizet	Carmen	José
Alexander Borodin	Fürst Igor	Wladimir
Benjamin Britten	Peter Grimes	Peter Grimes
Gottfried v. Einem	Dantons Tod	Robespierre
Hans Werner Henze	Prinz von Homburg	Kurfürsten
Leoš Janáček	Jenufa	Laca
Erich Wolfgang Korngold	Die tote Stadt	Paul
Ruggiero Leoncavallo	Bajazzo	Bajazzo
Albert Lortzing	Zar und Zimmermann	Iwanow
Wolfgang Amadeus Mozart	La clemenza die Tito	Titus
Wolfgang Amadeus Mozart	Die Zauberflöte	Tamino, Geharnischter
Modest Mussorgski	Boris Godunow	Schuiskij
Giacomo Puccini	Madama Butterfly	Linkerton
Giacomo Puccini	Manon Lescaut	Lampenanzünder
Friedrich Smetana	Die verkaufte Braut	Hans
Richard Strauß	Arabella	Matteo
Richard Strauß	Ariadne auf Naxos	Bacchus
Richard Strauß	Der Rosenkavalier	Sänger
Richard Strauß	Die Frau ohne Schatten	Kaiser
Richard Strauß	Salome	Narraboth
Igor Strawinsky	Mavra	Husar
Igor Strawinsky	Oedipus Rex	Oedipus
Igor Strawinsky	Reinicke (Renard)	Reinicke
Peter I. Tschaikowsky	Pique Dame	Hermann
Giuseppe Verdi	Aida	Bote
Giuseppe Verdi	Othello	Othello
Richard Wagner	Götterdämmerung	Siegfried
Richard Wagner	Der fliegende Holländer	Erik, Steuermann*
Richard Wagner	Lohengrin	Lohengrin
Richard Wagner	Die Meistersinger von Nürnberg	Stolzing, Vogelsang
Richard Wagner	Das Rheingold	Loge, Froh
Richard Wagner	Rienzi	Rienzi
Richard Wagner	Siegfried	Siegfried
Richard Wagner	Tannhäuser	Tannhäuser
Richard Wagner	Tristan	Tristan
Richard Wagner	Die Walküre	Siegmund
Carl Maria von Weber	Der Freischütz	Max
Ludwig v. Beethoven	Fidelio	Florestan

Operetten

Komponist	Werk	Rolle
Komponist	Werk	Rolle
Leo Fall	Madame Pompadur	René
Emmerich Kálmán	Die Csárdáfürstin	Edwin
Emmerich Kálmán	Gräfin Maritza	Tassilo
Walter Kollo	Wie einst im Mai	Fritz
Franz Lehár	Das Land des Lächelns	Sou-chong
Franz Lehár	Die lustige Witwe	Danilo
Jaques Offenbach	Die schöne Helena	Paris
Johann Strauß	Die Fledermaus	Eisenstein, Alfred
Johann Strauß	Wiener Blut	Zedlau
Johann Strauß	Der Zigeunerbaron	Barinkay
Franz von Suppé	Die schöne Galathee	Pygmalion

Konzerte

Komponist	Werk	Partie
Ludwig v. Beethoven	Sinfonie Nr. 9	Tenor-Solo
Ludwig v. Beethoven	Missa Solemnis	Tenor-Solo
Joseph Haydn	Die Jahreszeiten	Lukas
Felix Mendelssohn Bartholdy	Elias	Tenor-Solo
Gustav Mahler	Sinfonie Nr. 8	Doctor Marianus
Gustav Mahler	Das Lied von der Erde	Tenor-Solo
Giuseppe Verdi	Messa da Requiem	Tenor-Solo

Tonträger · Recordings

Oper/Gesamtaufnahmen (Complete recordings)

Ariadne auf Naxos (R. Strauss)
D.: Sir Georg Solti
LP 6.35458 GF Decca

Fidelio (L. v. Beethoven)
D.: Leonard Bernstein
LP 2730 191/MC 3371 039 Deutsche Grammophon

Der fliegende Holländer (R. Wagner)
D.: Sir Georg Solti
LP 6.35361 FK Decca

Die Frau ohne Schatten (R. Strauss)
D.: Wolfgang Sawallisch
CD 667-749074 2 (3 CDs) EMI

Der Freischütz (C. M. v. Weber)
D.: Rafael Kubelik
LP 6.35504 FK Decca

Götterdämmerung (R. Wagner)
D.: Marek Janowski
CD 69007 (4 CDs) BMG Ariola

Lohengrin (R. Wagner)
D.: Herbert v. Karajan
LP 153-7 69314 1 (4 LPs) / CD 655-7 69314 2 (4 CDs) EMI

Die Meistersinger von Nürnberg (R. Wagner)
D.: Sir Georg Solti
LP 6.35329 HD Decca

Die Meistersinger von Nürnberg (R. Wagner)
D.: Herbert v. Karajan
LP 157-02 174/78 / MC 289-02 174/78 EMI Electrola
LP 153-7 49683 1 (4 LPs) / CD 667-7 49683 2 (4 CDs) EMI

Parsifal (R. Wagner)
D.: Sir Georg Solti
LP 6.35231 HD Decca

Rienzi (R. Wagner)
D.: Heinrich Hollreiser
LP 193-02 776/80 Q EMI Electrola/CD 653-7 63980 2 (3 CDs) EMI

Rienzi (R. Wagner)
D.: Wolfgang Sawallisch
CD 346 953 (3 CDs) ORFEO

Der Ring des Nibelungen (R. Wagner)
D.: Marek Janowski
CD 69006 (4 CDs) BMG Ariola

Tannhäuser (R. Wagner)
D.: Sir Georg Solti
LP 6.35193 HF Decca

Die tote Stadt (E. W. Korngold)
D.: Erich Leinsdorf
LP RL 01 199 RCA

Tristan und Isolde (R. Wagner)
D.: Carlos Kleiber
Deutsche Grammophon

Die verkaufte Braut (B. Smetana)
D.: Jaroslav Krombholc
LP 89 036 XGR / MC 57 640 SKR Ariola-Eurodisc

Die Zauberflöte (W. A. Mozart)
D.: Sir Georg Solti
LP 6.35189 / MC 4.35189 Decca

Oper/Querschnitte (Highlights)

Fidelio (L. v. Beethoven)
LP 2537 048 / MC 3306 048 Deutsche Grammophon

Der fliegende Holländer (R. Wagner)
LP 6.42375 AS / MC 4.42375 CT Decca

Lohengrin (R. Wagner)
MC 261-63453 4 /CD 555-7 63453 3 EMI

Die Meistersinger von Nürnberg (R. Wagner)
LP 6.42373 AS / MC 4.42373 CT Decca
LP 063-02 233 EMI Electrola
MC 261-7 63455 4 / CD 555-7 63455 2 EMI

Parsifal (R. Wagner)
LP 6.41849 AN Decca

Rienzi (R. Wagner)
LP 063-03 489 Q / MC 263-03 489 Q EMI Electrola
Tannhäuser (R. Wagner)
LP 6.41850 AN / MC 4.41850 CO Decca

Die verkaufte Braut (B. Smetana)
LP 200 939-366 / MC 400 939-371 Ariola-Eurodisc

Die Zauberflöte (W. A. Mozart)
LP 6.41641 AN / MC 4.4 16 41 CO Decca

Operette/Gesamtaufnahmen (Complete recordings)

Die Csárdáfürstin (E. Kálmán)
D.: Bert Grund
LP 27 190 XDE Ariola-Eurodisc

Drei alte Schachteln (Walter Kollo)
D.: Roland Seiffarth
CD 74321 29336 2 Ariola-Eurodisc

Die Fledermaus (J. Strauß)
D.: Carlos Kleiber
LP 2707 088 / MC 3370 009 Deutsche Grammophon

Die lustige Witwe (F. Lehár)
D.: Herbert v. Karajan
LP 2726 501 / MC 3372 501 Deutsche Grammophon

Der Vetter aus Dingsda (E. Künneke)
D.: Heinz Geese
LP VL 30867 / MC VK 30867 / CD 43 460 ACANTA

Wie einst im Mai (Walter Kollo)
D.: Peter Falk
CD 5 55112 2 EMI Classics

Operette/Querschnitte (Highlights)

Boccaccio (F. v. Suppé)
CD 258376 RCA

Die Csárdásfürstin (E. Kálmán)
LP 85 388 IE Ariola-Eurodisc

Die Fledermaus (J. Strauß)
LP 2537 040 / MC 3306 040 Deutsche Grammophon

Gräfin Maritza (F. Lehár)
LP 6623 119 / MC 7585 354 Philips

Das Land des Lächelns (F. Lehár)
LP 6623 115 / MC 7585 350 Philips

Die lustige Witwe (F. Lehár)
LP 2537 030 / MC 3306 030 Deutsche Grammophon

Die schöne Galathée (F. v. Suppé)
LP 87 583 IE ARiola-Eurodisc
Die schöne Helena (J. Offenbach)
LP 6623 117 / MC 7585 352 Philips

Wiener Blut (J. Strauß)
LP 6623 116 / MC 7585 351 Philips

Sinfonische Werke

Die 9. Sinfonie (L. v. Beethoven)
D.: Leonard Bernstein
LP 2740 216 / MC 3378 090 Deutsche Grammophon

Das Lied von der Erde (G. Mahler)
D.: Leonard Bernstein
LP 76105 CBS

Das Lied von der Erde (G. Mahler)
D.: Herbert v. Karajan
LP 2707 082 / MC 3370 007 Deutsche Grammophon

Das Lied von der Erde (G. Mahler)
D.: Sir Georg Solti
LP 6.35 566 DX Decca

Sinfonie Nr. 1 – 9 (G. Mahler)
D.: Sir Georg Solti
LP 6.35230 JY Decca

Missa solemnis (L. v. Beethoven)
D.: Leonard Bernstein
LP 2707 110 / MC 3370 029 Deutsche Grammophon

Sinfonie Nr. 8, ›Sinfonie der Tausend‹ (G. Mahler)
D.: Sir Georg Solti
LP 6.35197 FA Decca

Oedipus Rex (I. Strawinsky)
D.: Leonard Bernstein
LP 76380 CBS

Laser-Disc/Video Recordings

Richard Wagner
Siegfried (Gesamtaufnahme)
René Kollo, Helmut Pampuch, Robert Hale, Ekkehard Wlaschiha,
Kurt Moll, Julie Kaufmann, Hanna Schwarz, Hildegard Behrens
Chor der Bayerischen Staatsoper
Bayerisches Staatsorchester
Dirigent: Wolfgang Sawallisch
Laser-Disc 9 91283 1
Video 99 1283 3

Richard Wagner
Götterdämmerung (Gesamtaufnahme)
Marjana Lipovsek, Hildegard Behrens, René Kollo
Julie Kaufmann u.a.
Chor der Bayerischen Staatsoper
Bayerisches Staatsorchester
Dirigent: Wolfgang Sawallisch
Laser-Disk 9 91287 1
Video 99 1287 3

Richard Wagner
Der Ring des Nibelungen
Das Rheingold · Die Walküre · Siegfried
Götterdämmerung
Solisten
Chor der Bayerischen Staatsoper
Bayerisches Staatsorchester
Dirigent: Wolfgang Sawallisch
Video 9 91275 1

und zahllose weitere Veröffentlichungen.

Inhalts · Contents